U0125629

愿，得偿所愿，往心之所往。

舍溪——绘

人民邮电出版社
北京

图书在版编目（CIP）数据

境 / 舍溪绘. -- 北京 : 人民邮电出版社, 2023.6
ISBN 978-7-115-60928-1

Ⅰ. ①境… Ⅱ. ①舍… Ⅲ. ①插图(绘画)－作品集－中国－现代 Ⅳ. ①J228.5

中国国家版本馆CIP数据核字(2023)第058530号

## 内 容 提 要

“在茫茫的大千世界里，每一个人都应该保有一个自己的小千世界。”

国风插画师舍溪首次将多年作品集结成册。在书中，你可以与鹿为伴，与鹤共舞，与鲲对弈；可以化身为山间精灵，看万物生长，品四季更迭；可以邂逅《山海经》中的上古异兽；可以跟随飞天舞者逐梦敦煌；还可以徜徉在古老的神话故事中感受人情冷暖、悲欢离合……

一色一境，万彩流转，栩栩欲飞。于锦绣繁华处见苍凉，于光怪陆离处现慈悲。翻开这本书，进入舍溪的梦境，重拾昔日的梦想。

本书适合对中国传统文化感兴趣的读者及插画创作者欣赏和收藏。

◆ 绘　　　舍　溪
责任编辑　张丹丹
责任印制　马振武

◆ 人民邮电出版社出版发行　北京市丰台区成寿寺路 11 号
邮编 100164　电子邮件 315@ptpress.com.cn
网址 https://www.ptpress.com.cn
北京雅昌艺术印刷有限公司印刷

◆ 开本：889×1194 1/16
印张：11　2023 年 6 月第 1 版
字数：166 千字　2023 年 6 月北京第 1 次印刷

定价：128.00 元

读者服务热线：(010)81055410　印装质量热线：(010)81055316
反盗版热线：(010)81055315
广告经营许可证：京东市监广登字 20170147 号

# 引言

要用世间多少颜色，才能绘就一场永不复醒的无边绮梦？

你看，在这个梦中，九尾狐的眼眸流转出无尽的悲凉；白鹤翅膀下扬起青莹的松烟；麋鹿的嫩角还残留着夏至清晨的露水；灵猫在失眠人的屋檐踏出雪白的脚印；龙女横吹竹笛，在月阴之夜唤醒故乡的暗蓝海潮，漫延到神仙也抵达不了的地方……

异闻录

入敦煌

绮梦集

# 目录

# 境中景

沉浮世界，静择一片清宁，绘心、绘梦、绘境……

鹿语

凤鸣

箜篌

弦终

隐

遇狐

万物有灵

满载星河与君弈

绘青丘

追光

绘兽师

你可听懂了九尾琴音里的故事？

# 山海梦

女魃

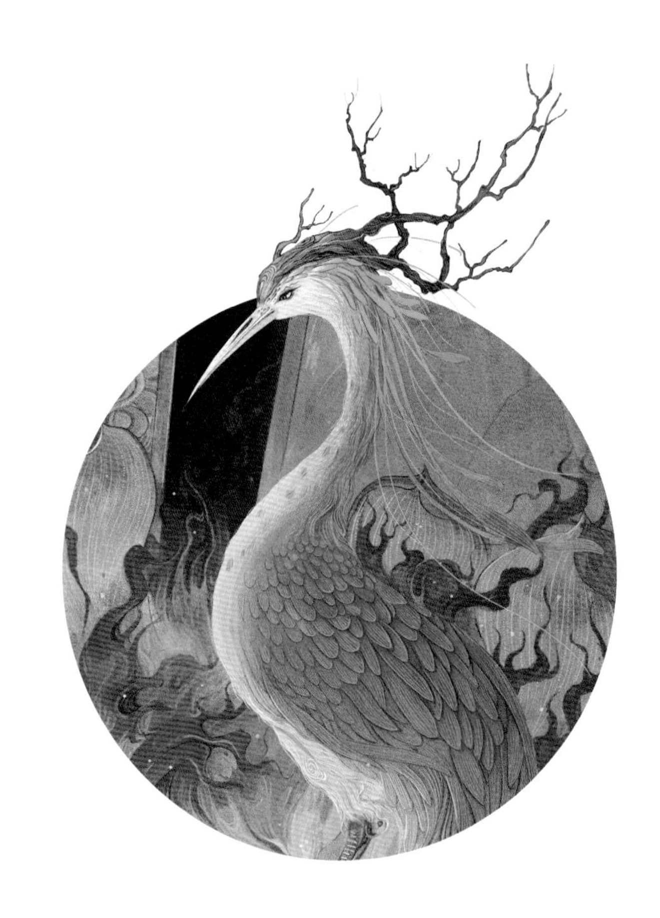

# 毕方

山海经·西山经：『（章莪之山）有鸟焉，其状如鹤，一足，赤文青质而白喙，名曰毕方，其鸣自叫也，见则其邑有讹火。』

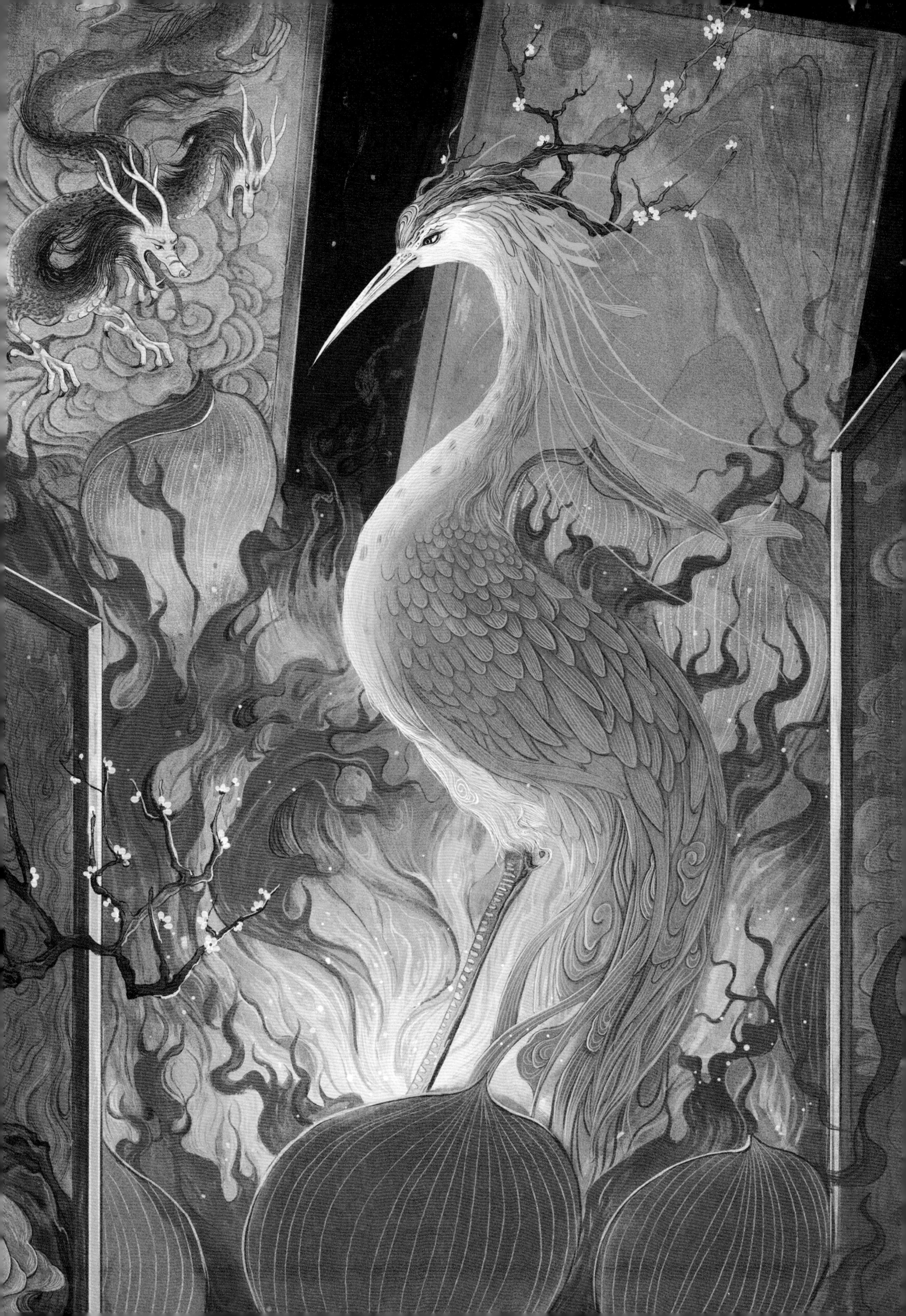

鱼妇

帝江
山海经·西山经：『（天山）有神焉，其状如黄囊，赤如丹火，六足四翼，浑敦无面目，是识歌舞，实惟帝江也。』

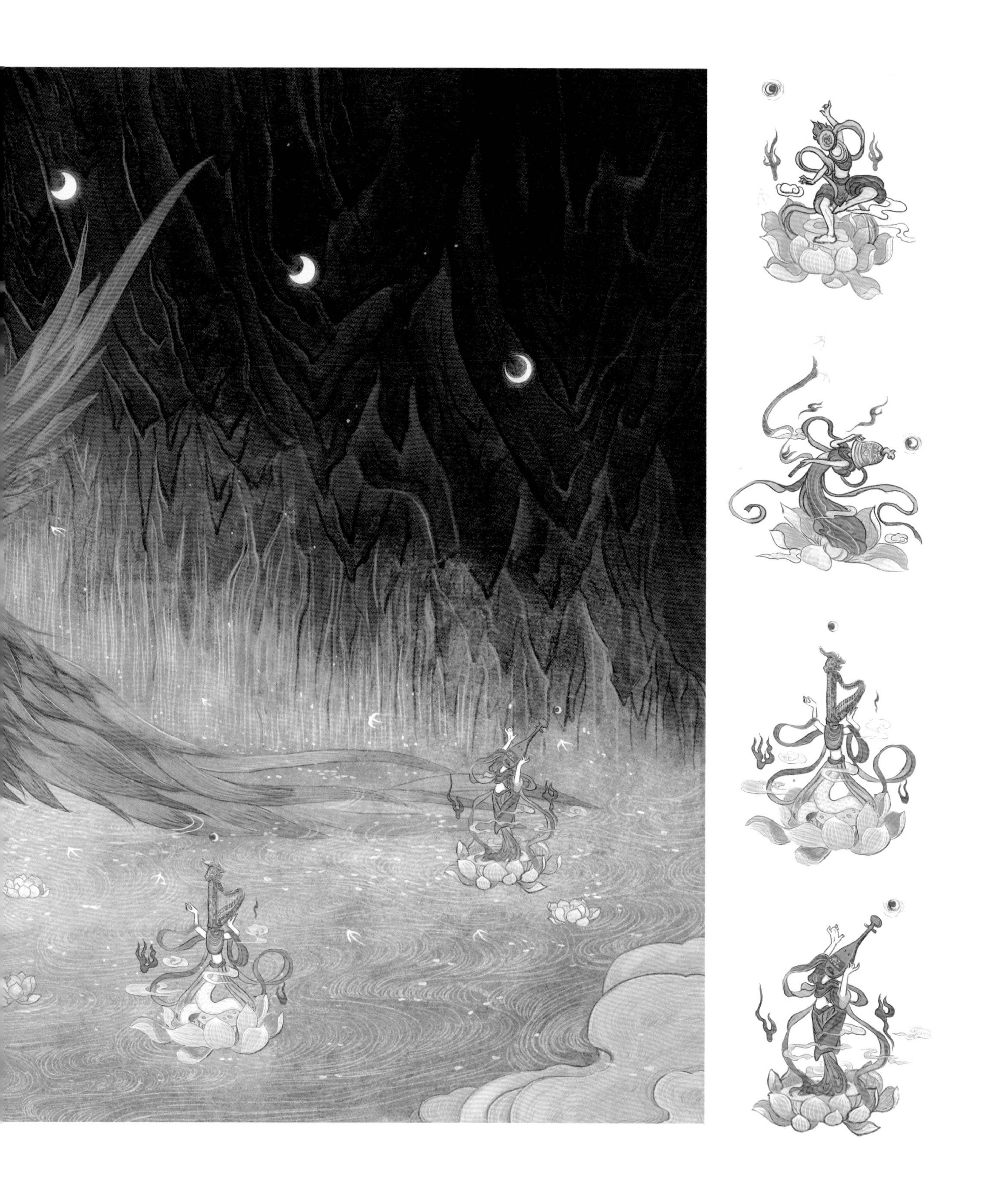

# 朱獳

山海经·东山经：『（耿山）有兽焉，其状如狐而鱼翼，其名曰朱獳（音同如），其鸣自叫，见则其国有恐。』

山海经·北山经：『（丹熏之山）有兽焉，其状如鼠，而菟首麋耳，其音如嗥犬，以其尾飞，名曰耳鼠，食之不䐘，又可以御百毒。』

## 朏朏

山海经·中山经：『（霍山）有兽焉，其状如狸，而白尾有鬣，名曰朏朏（音同翡），养之可以已忧。』

夫诸和神熏池
山海经·中山经：『敖岸之山，其阳多瑀琈之玉，其阴多赭、黄金。神
熏池居之。是常出美玉。北望河林，其状如茜如举。有兽焉，其状如
白鹿而四角，名曰夫诸，见则其邑大水。』

烛阴
烛阴，你看，今年人间桃花开得极好。

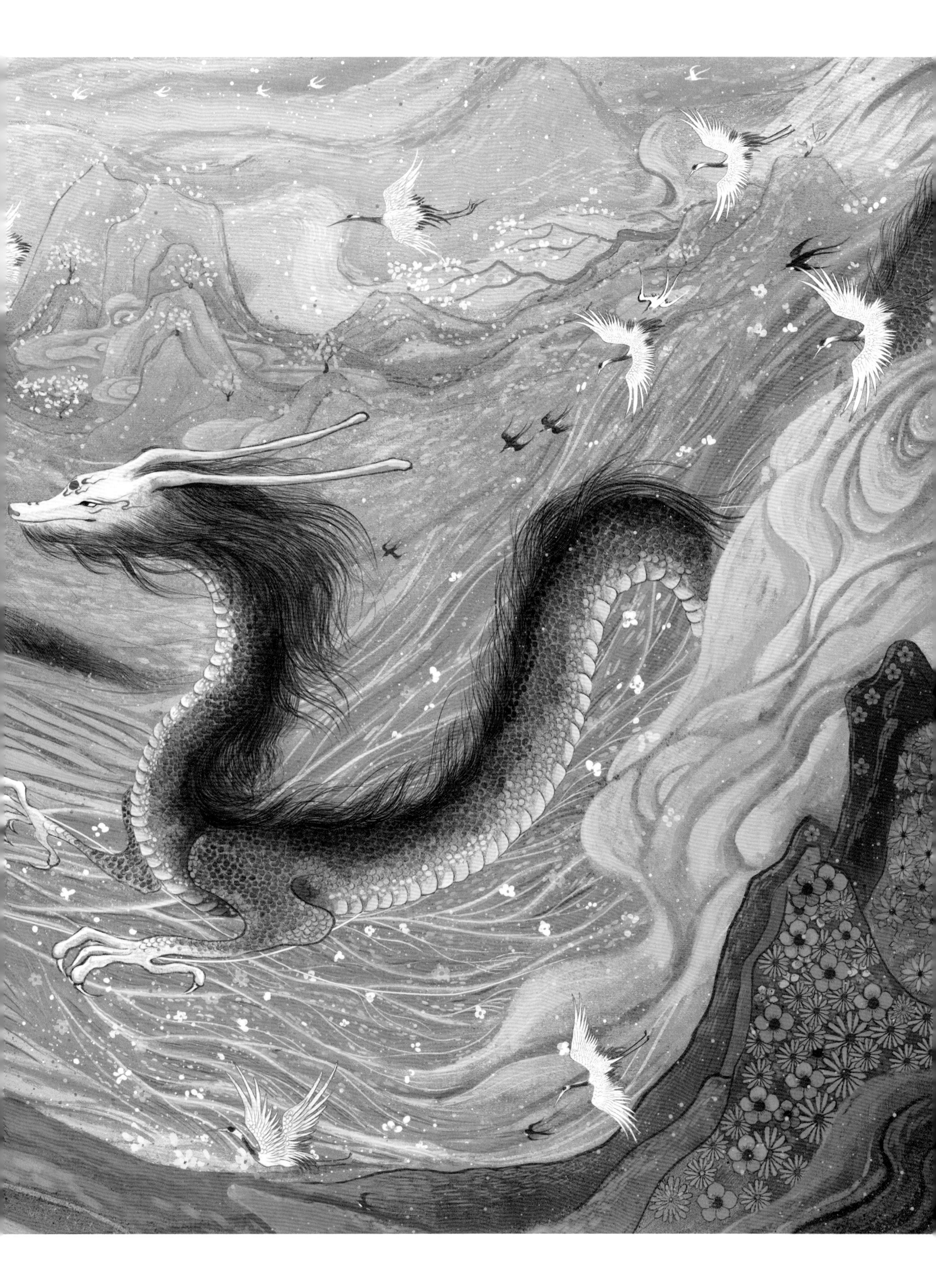

山海经·海外东经：『东方句（音同勾）芒，鸟身人面，乘两龙。』

山海经·西山经：『（神英招）其状马身而人面，虎文而鸟翼，徇于四海，其音如榴。』

11783

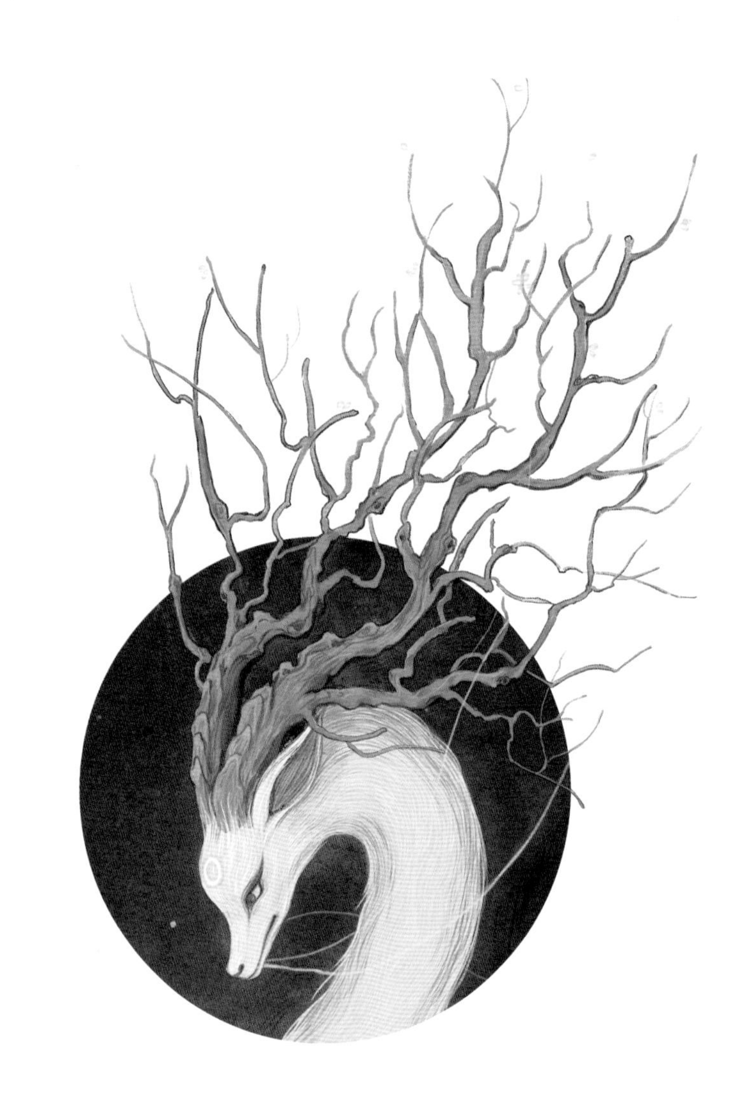

山海经·北山经：『（伦山）有兽焉，其状如麋，其州在尾上，其名曰罴（音同皮）九。』

# 陵鱼

山海经·海内北经：『陵鱼人面，手足，鱼身，在海中。』

龙女与葱聋

驺吾
山海经·海内北经：
「林氏国有珍兽，大若虎，五采毕具，
尾长于身，名曰驺吾，乘之日行千里。」

乘黄
山海经·海外西经：『白民之国在龙鱼北，白身被发。有乘黄，
其状如狐，其背上有角，乘之寿二千岁。』

山海经·海内东经：『雷泽中有雷神，龙身而人头，鼓其腹。』

# 异闻录

异聞録

周易·系辞下说：『古者包牺氏之王天下也，仰则观象于天，俯则观法于地，观鸟兽之文，与地之宜，近取诸身，远取诸物，于是始作八卦，以通神明之德，以类万物之情。』

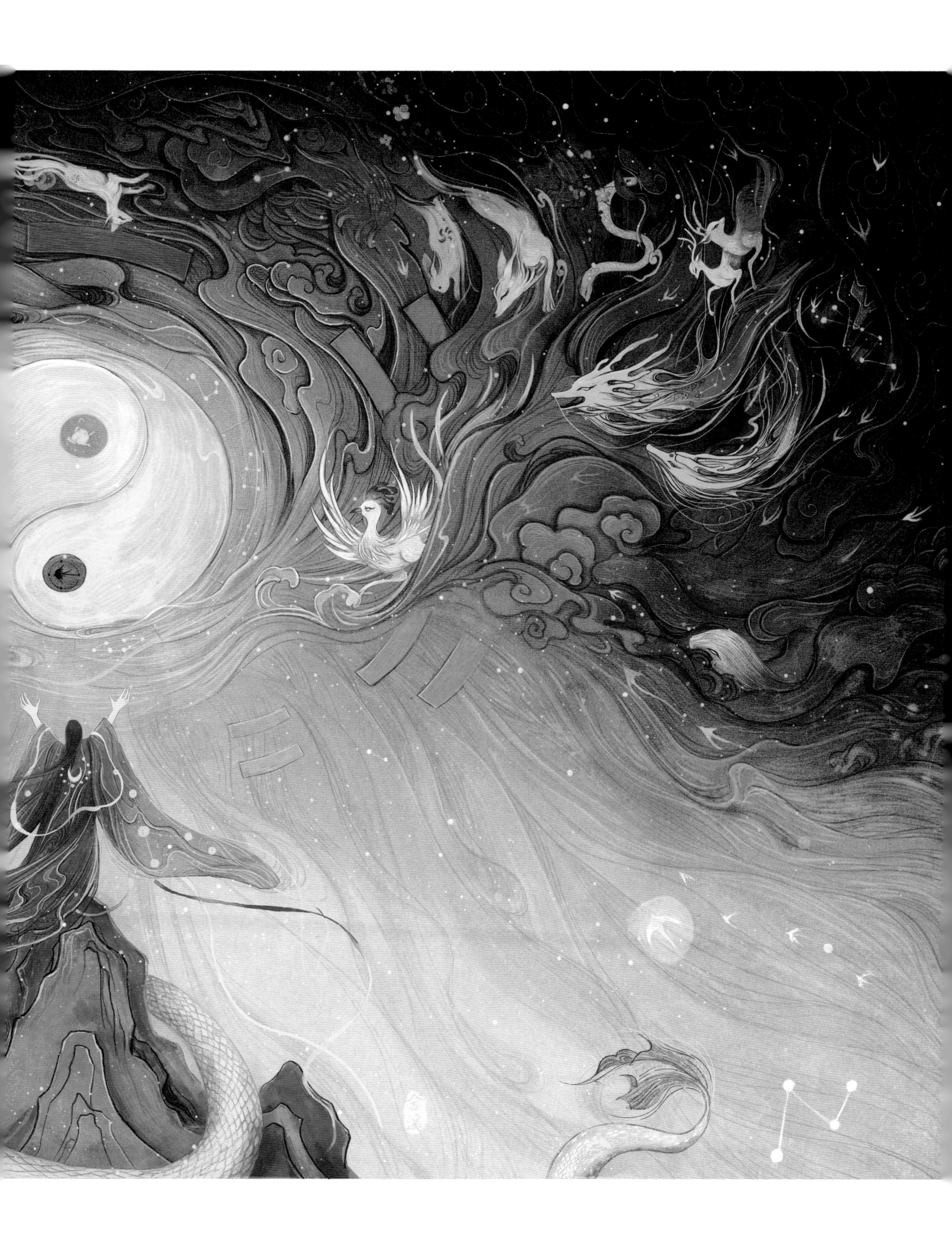

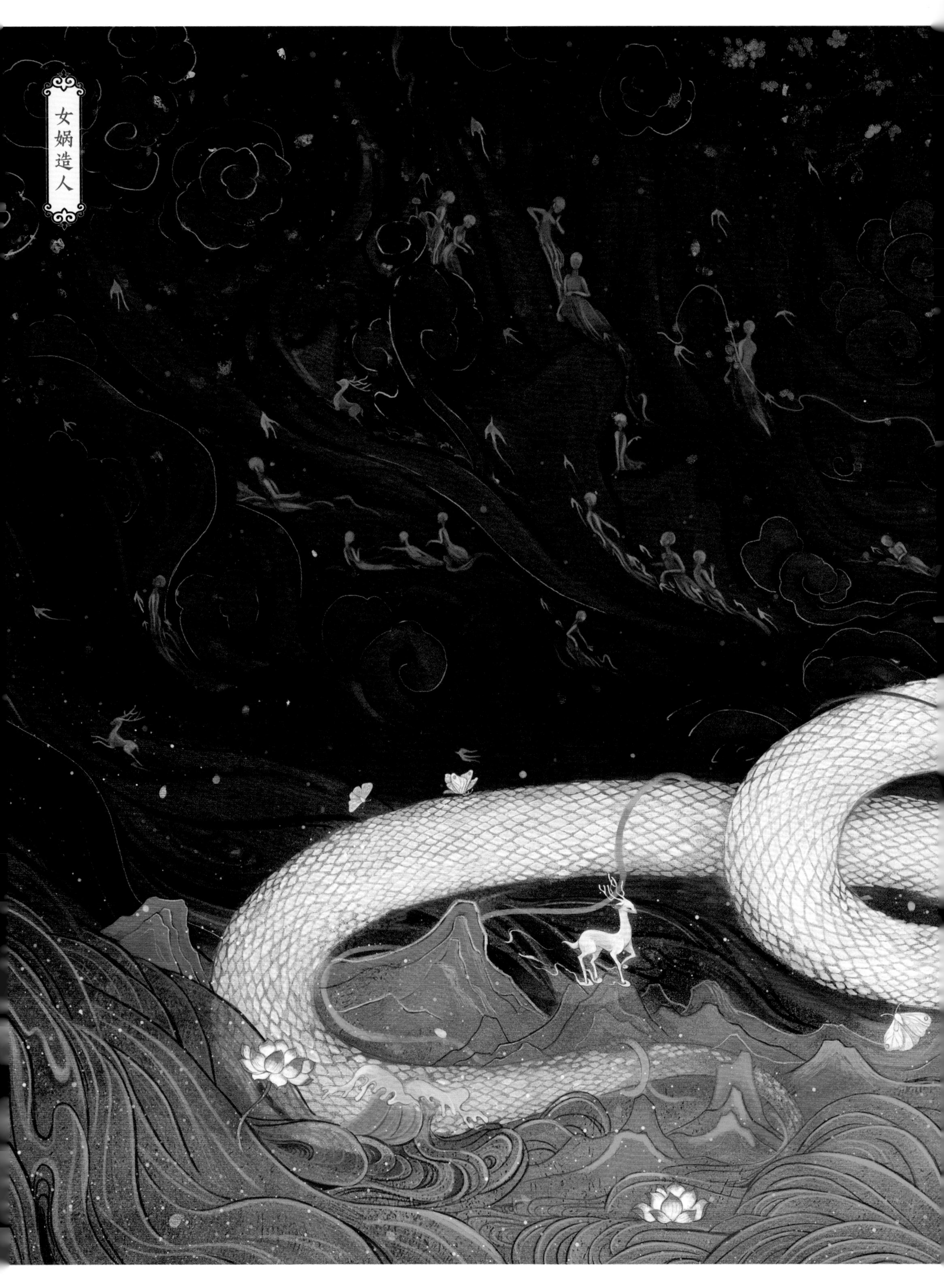
女娲造人

青龙

白虎

朱雀

玄武

囚牛

迴避

狴犴

嘲风

狻猊

霸下

龍

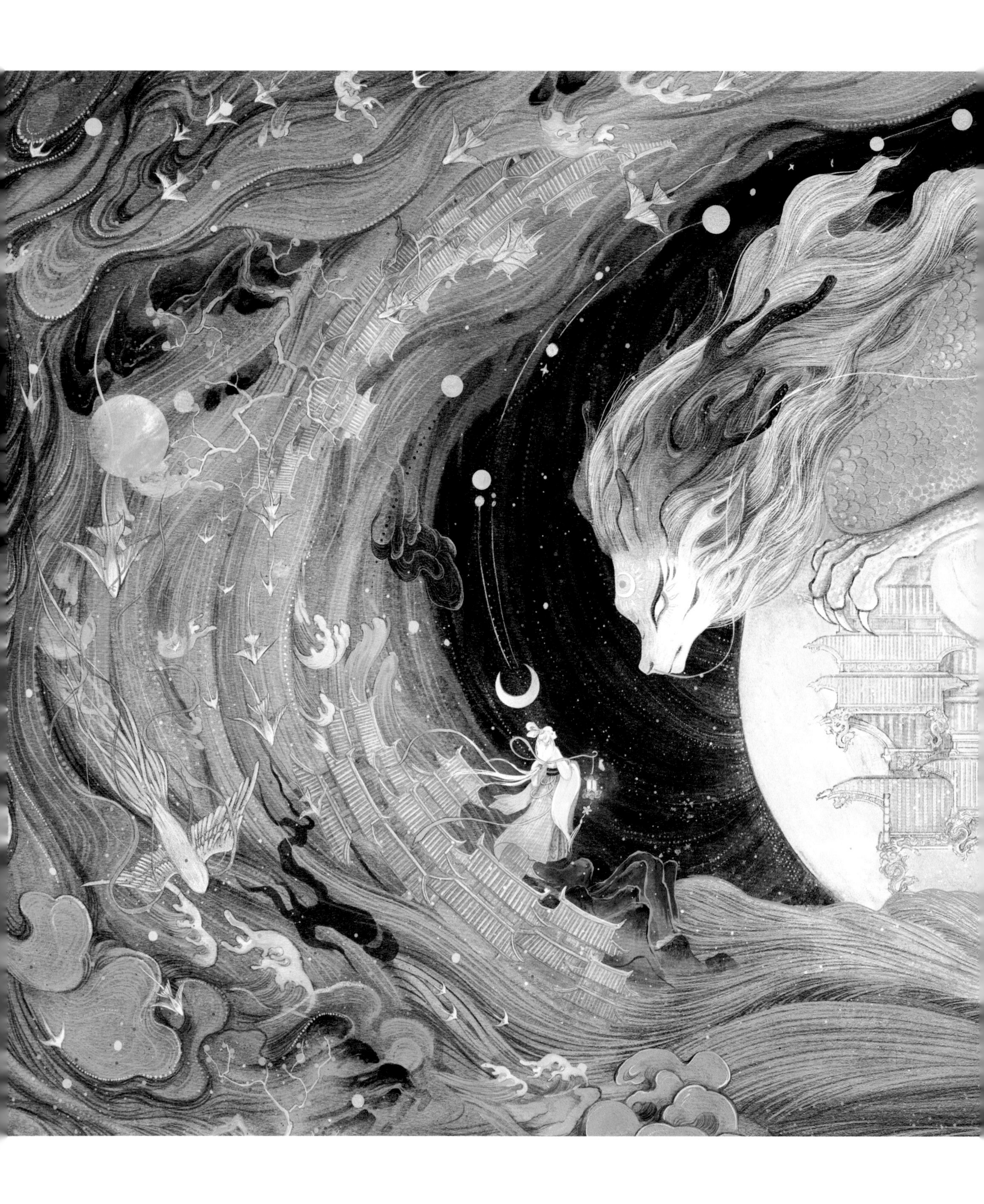

螭吻

龙女

白泽

青绿

不过是大梦一场。

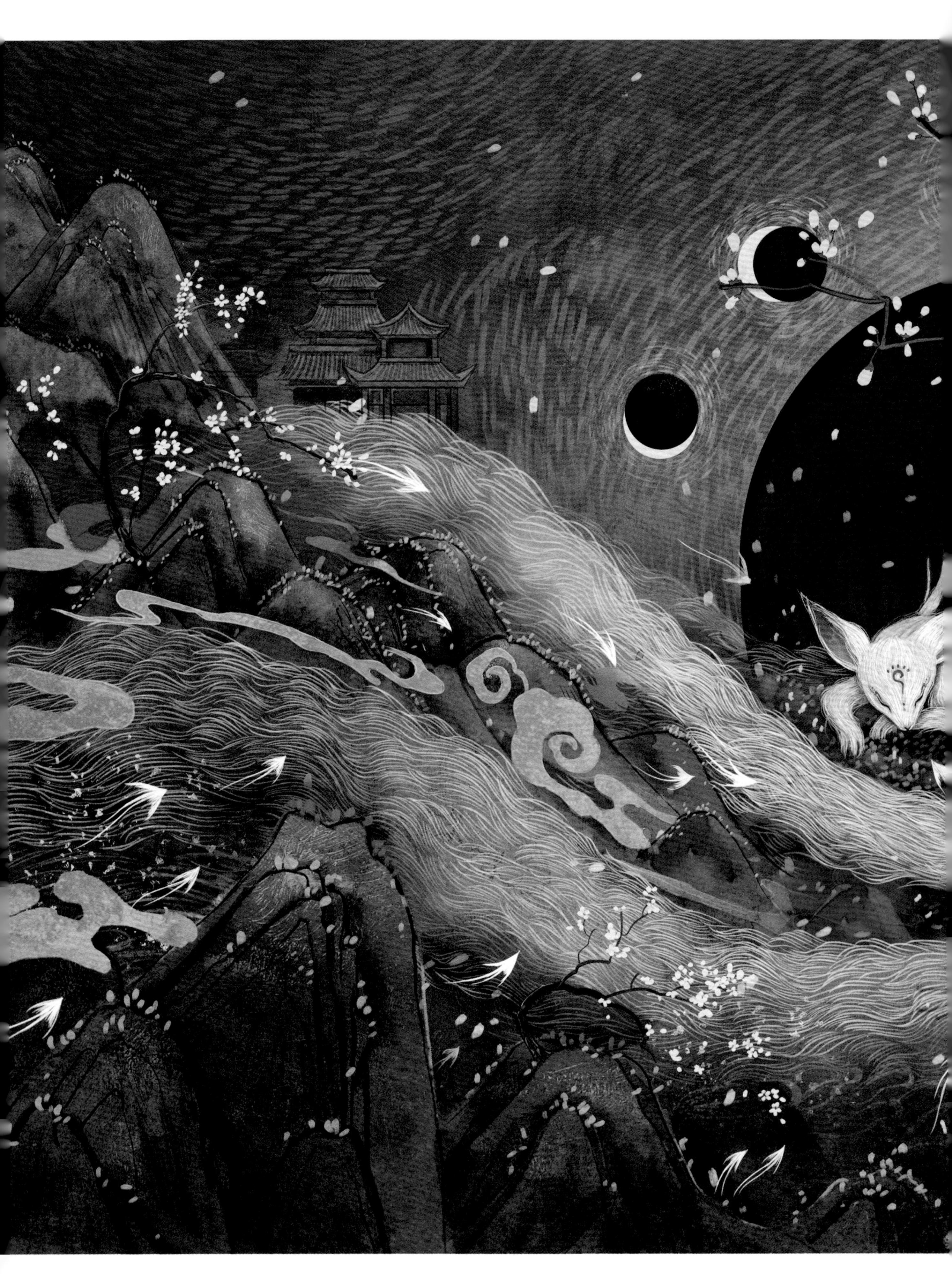

九尾乘黄

精卫填海

凤栖梧桐

妲己

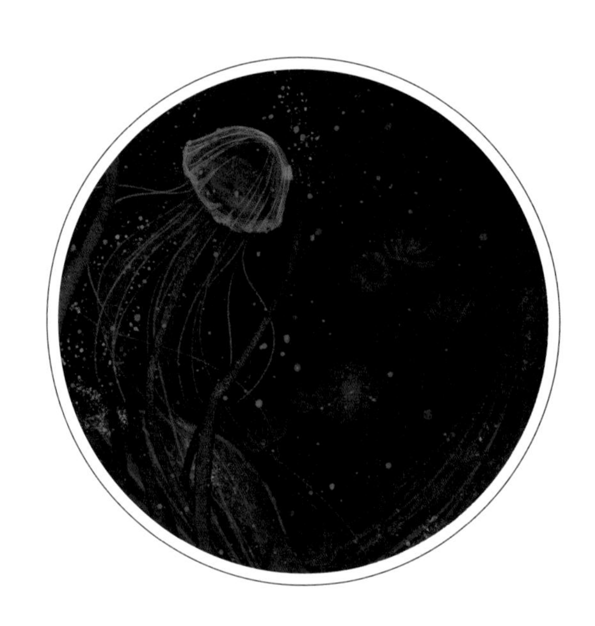

# 鲛人

博物志：『南海外有鲛人，水居如鱼，不废织绩，其眼能泣珠。』

# 入敦煌

九色鹿

飞天

鹿王一梦

# 绮梦集

灵猫

佛音

悟世

## 中秋

清宫寂寂，今岁何年，小憩一梦，月已团圆。

盛世
盛世安康

如虎添翼

雪聪

翠枝和玉英

出征

莲修和香漪

逆水寒

白帝城

谪仙岛

庄周

云樱

闪耀暖暖

天刀

药王谷

草丛里的三只小精灵

安眠曲

小兔仙

## 舍溪

本名毕月华，“90后”国风自由插画师。
擅长将中国古代神话典籍中的异兽用自己独特的绘画风格还原。
“希望可以通过画笔，和《山海经》异兽来一次跨越时空的精神碰撞。”
创作的系列作品有“境”“四象”“龙生九子”等。
小米、百度、荣耀、安踏等品牌及各大热门游戏的合作画师。